*Un cadeau pour*


*De la part de*

© Editions Exley 1999
© Nouvelle édition 2002
13 rue de Genval  B-1301 Bierges - Belgique
Tél. : +32.(0)2.654.05.02 - E-mail : exley@interweb.be

© Helen Exley 1997
12 11 10 9 8 7 6 5 4 3
ISBN 2-87388-200-x        DL/7003/2000/15

Imprimé en Chine     Tous droits réservés
Nous remercions les ayant-droits pour leur autorisation à reproduire leurs documents.
**Textes :** JOYCE GRENFELL : *Joyce par elle-même et amis*. Futura 1981©Joyce Grenfell
Memorial Trust 1980 : réimpression : Little, Brown and Co : LAURIE LEE : *Le premier
enfant* et *Je ne puis rester*. Penguin Books Ltd. CYRA MCFADDEEN : extrait du *San
Francisco Examiner* du 19 juin 1988 © Le San Francisco Examiner. CHRISTIANE
OLIVIER : *Les fils d'oreste*, © Éditions Flammarion. NATHALIE SARRAUTE : *Enfance*,
© Éditions Gallimard. STEPHEN SPENDER : *À ma fille* de *Recueil de poèmes 1928-1985* et
*Sélection de poèmes* de Stephen Spender, © 1955 de Stephen Spender. Réimpression : Ed
Victor Ltd : HARRY STEIN : Esquire, octobre 1981, © 1981 de Harry Stein.
**Illustrations :** Archive Für Künst (AKG), Art Resource (AR), Bridgeman Art Library (BAL)
Bibliothèque D'Art Bridgeman, Chris Beetles Gallery (CBG) Galerie Chris Beetles, gravure
de chez Christie's (CI), Edimedia (EDM), Bibliothèque des Arts Photographiques (FAP),
Giraudon (GIR), Image Select (IS), Roger-Viollet (RV), Scala (SCA), Statens Konstmuseer (SKM).
Couverture : Sir Lawrence Alma-Tadema, *Portrait de Dalouel et sa Famille* (RV); page de
titre : K Grob (CI); p.6 : © 1995 Antoni Vila Aruffat (1894-1989) *Jeune fille en train de lire*,
Art Museum Barcelonna (BAL); p.8 : Frans Wisenthal, Whitford & Hughes, Londres (BAL);
p.10 : © 1995 Mary Cassat (1844-1926), *Jeune fille dans le jardin*, Musée d'Orsay, Paris
(SCA); p.12 : © 1995 Repine (1844-1930), *Portrait de L. M. Audreieur*, Tretiakov Gallery,
Moscou (EDM); p.15 : Albert Neuhuys, Galerie George, Londres (BAL); p.16 : Rfanov
(EDM); p.19 : August Muller, Bradford City Art Gallery & Museum (BAL); p.21 : Porfini
Krylov (SCA); p.23 : Arthur Hacker, Galerie George, Londres (BAL); p.25 : Amelia Bauerle
(CBG); p.26 : Francois Gerard, Louvre, Paris (BAL/GIR); p.28 : Carl Larson (SKM); p.30/31 :
Carl Spitzweg (AKG); p.32 : © 1995 John Quincey Adams (1874-1932), *Son premier récital*
(AKG); p.34 : Jenny Nystrom Stoopendal (SKM); p.37 : 1995 Robert Medley, *La boucherie*,
Collection privée (BAL); p.39 : © 1995 Ilja Repin (1844-1930), *Portrait de la jeune fille*,
Tretiakov Gallery, Moscou (SCA); p.41 : Giovanni Giacometti (AKG); p.42 : T. Gaponenco
(SCA); p.45 : Serov Valentin (SCA); p.46 : © 1995 Bernard de Hoog (1866-1943), *L'amour d'un
père* (CI); p.49 : © 1995 Janet Fisher, *Transmission de pensée*, Whitford & Hughes, Londres
(BAL); p.51 : P.W. Keller Reutlingen (AKG); p.53 : George Elgar Hicks (EDM); p.54 : Hartmut
Genz (AKG); p.57 : R. Bong (AKG); p.61 : Sir Lawrence Alma-Tadema (RV).

# DE L'AMOUR ENTRE

# *Pères et Filles*

UN LIVRE-CADEAU HELEN EXLEY

**EXLEY**
PARIS • LONDRES

*Je sais que je mène mon père par le bout du nez ... mais il en fait tout autant.*

HOLLY HESTON,
FILLE DE CHARLTON HESTON

*La relation la plus importante dans une famille, juste après celle de mari et femme, c'est la relation qui unit père et fille.*

DAVID JEREMIAH

*Elle n'aimait pas son père, elle l'idolâtrait. Il fut le grand amour de sa vie. Jamais aucun homme ne put rivaliser avec lui.*

MARY S. LOVELL
À PROPOS DE BERYL MARKHAM

*Tous les papas ont leur façon de siffler,
d'appeler. De frapper à la porte.
De marcher.
Ils marquent nos vies.
Nous pensons que nous oublions puis
soudain, surgissant de l'obscurité, une
trille de notes s'élève et notre coeur palpite.
Nous revoilà à cinq ans guettant le bruit des
pas de papa sur l'allée de gravier.*

ODILE DORMEUIL

*Avec mon père la vie devint une aventure.
À la minute où il franchissait la porte en
rentrant le soir, même la maison semblait
se charger d'une nouvelle énergie, comme
un afflux d'électricité. Tout était amplifié,
plus lumineux, coloré, excitant...
Tous les pères sont d'abord des héros pour
leurs filles, même lorsqu'il n'ont rien
d'héroïque.*

VICTORIA SECUNDA

*Chaque jour de ma vie*
*fut un cadeau venant de lui.*
*Ses genoux ont servi de refuge*
*à mes emportements.*
*Ses bras ont réconforté*
*mes chagrins d'adolescente.*
*Sa sagesse et sa compréhension*
*m'ont soutenue*
*en tant qu'adulte.*

NELLY PIKE RANDALL

Avoir des enfants aliène les droits de chaque homme et je ne compte pas vivre comme je le faisais avant de l'avoir. Je me dois d'être à elle, j'espère correspondre à ses besoins et je ne vois aucune raison de l'abandonner un jour.

LAURIE LEE

Quand vous serez père, quand
vous vous direz, en oyant gazouiller
vos enfants: c'est sorti de moi !
que vous sentirez ces petites créatures
tenir à chaque goutte de votre sang,
dont elles ont été la fine fleur,
car c'est ça ! vous vous croirez attaché
à leur peau, vous croirez être agité
vous-même par leur marche.

HONORÉ DE BALZAC, (1799-1850)
« *Le père Goriot* »

*Elle grimpait sur mes genoux et se blottissait dans le creux de mon bras gauche. Je ne pouvais plus bouger le bras mais je pouvais y bercer Ashtin, embrasser le sommet de sa tête. Et nul doute que ces moments furent parmi les plus doux de ma vie.*

DENNIS BYRD, À PROPOS DE SA FILLE

Son père était son ami et son mentor, il lui avait appris à lire, aimer les livres, taper à la machine, nager et faire du vélo. « Je passais des heures avec lui dans son bureau, nous faisions des promenades, allions à l'église, je l'aidais à jardiner, restais tranquillement assise pendant qu'il rédigeait ses sermons. »

Cette relation père/fille aurait pu paraître parfaite s'il n'y avait eu un ver dans le fruit. « Je pense que j'étais sa préférée mais je n'ai jamais osé demander à mes soeurs si elles le pensaient aussi, sans doute par peur de m'entendre dire que c'étaient elles les préférées. »

CYRA MCFADDEN À PROPOS DE LA FILLE D'UN PASTEUR DANS LE HAMPSHIRE, ANGLETERRE.

Je l'admirais tellement que j'ai du mal à nous comparer, à nous trouver les mêmes qualités. Au plan physique, peut-être. J'ai les mêmes traits, le même nez que lui. Aussi la même bouche. On se ressemblait beaucoup. Il m'arrive d'avoir mal à l'oeil et lui aussi avait mal au même oeil. Parfois j'ai envie d'avoir les mêmes maladies que lui, de cracher le même sang, d'être romantique comme lui. Son côté officier? Il ne l'était pas du tout. Il n'était pas autoritaire comme les militaires sont supposés l'être.

JANE BIRKIN,
À PROPOS DE SON PÈRE

Puis ils me l'ont tendue, raidie par les pleurs. Pour la première fois je l'ai prise et l'ai embrassée, elle s'est calmée, apaisée par cette stratégie instinctive et je me suis senti totalement flatté d'avoir sur elle tant de pouvoir.

LAURIE LEE
« Le premier-né »

Il grandit avec elle et
apprend au fur et à mesure.
Il partage ce qu'elle ressent,
chaque angoisse, chaque crainte,
chaque chagrin. Elle rit
et il est comblé. Elle tend
ses petits bras vers lui
et il s'en réjouit. Elle dort
sur son épaule, il reste
immobile par peur
de la réveiller.

ANNELOU DUPUIS

J'aime ma petite fille à l'infini.
Mon talent de père m'a en fait surpris.
Depuis sa naissance, je me suis montré
tellement attentif à ses moindres progrès,
du minuscule duvet qui pousse sur son crâne
au développement progressif de son éveil,
que plus rien n'existe en effet
pour moi.

HARRY STEIN,
« ESQUIRE », OCTOBRE 1981

L'étreinte ferme de sa petite
main autour de mon doigt
lorsque nous nous
promenons ensemble,
ma fille et moi...
Toute ma vie, je sentirais
cet anneau invisible
briller à mon doigt:
lorsqu'elle aura grandi
voguant vers son destin
comme elle le fait déjà.

STEPHEN  SPENDER

*Les hommes qui ont des filles*

*n'ont pas à s'imposer*

*dans une réunion,*

*une chambre, sur un terrain de*

*sport ou un champ de bataille.*

*Leur influence est acquise.*

*Ils sont*

*Numéro 1 dans la vie de leurs*

*filles et pas uniquement le jour*

*de la Fête des Pères.*

*Les pères sont les premiers hommes*

*que les femmes aiment.*

*Nous guettons leur accord*

*et quand ils ne le donnent pas,*

*décidons d'aller prendre l'air,*

*résignées.*

CYRA MCFADDEN

*Un seul mot d'ordre venant de moi et
des millions de gens m'obéissent... mais je
n'arrive pas à faire en sorte que mes trois filles,
Paméla, Félicité et Joan, viennent
déjeuner à l'heure.*

VICOMTE ARCHIBALD WAVELL
(1883 -1950)

Souvent je pensais que les autres
étaient de meilleures chanteuses que moi,
meilleures musiciennes ou plus jolies,
puis j'entendais papa me dire
de ne jamais dire jamais et je trouvais
alors un moyen de repousser un peu
plus loin mes limites.

BARBARA MANDRELL

Je n'étais pas proche de mon père mais il
m'était très cher. Quoi que je fis quand
j'étais petite, comme apprendre
à nager ou jouer dans une pièce à l'école, il
se montrait formidable. Il y avait quelque
chose dans son regard qui faisait que
je me sentais vraiment bien.

DIANE KEATON

Le plus important dans notre relation, était
que, quelques soient ses théories ou son opinion
sur le rôle des femmes, il ne m'a jamais
donné l'impression qu'il y avait quelque
chose que je ne pourrais faire.

SUSAN KENNEY

Presque chaque fois que je regarde mes filles jouer près de moi, surtout dans des jeux physiques, un sentiment inhabituel m'envahit. Je ne me reconnais pas dans ce grand type, ravi d'être entouré de sa progéniture, qui observe leurs corps minuscules comparés à l'immensité du sien, bien que cela soit conforme à la réalité. Au contraire, je me sens petit et vulnérable. C'est un peu comme si chacun de nous trois apprenait séparément à composer avec l'autre.

MORDECHAI RIMOR

Il partage ce qu'elle ressent,
chaque angoisse, chaque crainte, chaque
chagrin. Elle rit et il est comblé. Elle tend
ses petits bras vers lui et il s'en réjouit.
Elle dort sur son épaule, il reste  immobile
par peur de la réveiller. Il lui montre ses
prouesses, partage son étonnement devant
l'oiseau, le chat ou la feuille qui tombe.
Il réclame des baisers, des câlins, les offrandes
invisibles accordées à ceux qu'elle aime et tenues
avec précaution entre le pouce et l'index.
Il l'attrape quand elle tombe. L'emmitoufle
contre le froid. La sèche après le bain. Vante,
à l'occasion, ses exploits auprès de ses amis.
Amasse les photos au cas où il oublierait.
Toutes les déceptions, les échecs, se dissipent
comme la brume devant cette enfant chérie.
Sa fille.

ANNELOU DUPUIS

J'aime passer la main sur ses joues maigres, un peu rugueuses, serrer leur peau entre mes doigts pour la soulever, chatouiller sa nuque... il me repousse gentiment... et aussi parfois, quand il ne s'y attend pas, lui donner un gros baiser dans le creux de l'oreille et voir comme assourdi il y enfonce un doigt qu'il agite en secouant la tête... fait mine de se fâcher... « Quel jeu stupide... »

NATHALIE SARRAUTE
« *Enfance* »

Et si père ne montrait pas tant de patience envers moi, il y a longtemps que j'aurais abandonné tout espoir de pouvoir contenter mes parents, dont les exigences ne sont pourtant pas tellement difficiles à satisfaire.

ANNE FRANK

*Une petite fille de trois ans peut-elle être plus heureuse que lorsqu'elle donne la main à son père dans la rue pour faire des courses, le dimanche matin, avec lui ? Il faudrait que ce soit toujours dimanche ! Et elle a raison, car c'est le seul jour où son papa a le temps de flâner avec elle, et où elle se sent enfin une « vraie petite femme », aux côtés d'un homme qui reconnaît sa différence...*

CHRISTIANE OLIVIER, *Les fils d'Oreste* »

Aucun homme ne peut véritablement savoir ce que la vie signifie, ce que le monde signifie, ce que toute chose signifie, tant qu'il n'a pas un enfant à aimer. Le monde en sera alors bouleversé et plus rien ne sera vraiment comme avant.

LAFCADIO HEARN, (1850-1904)

Arthur enlaçait toujours [sa fille] Caméra. Quand il parlait d'elle, son visage s'illuminait comme les étoiles dans le ciel. Il affichait pour sa fille davantage de sentiments qu'il ne semblait en avoir manifesté tout au long de sa vie.

HORACE ASHE
ONCLE D'ARTHUR ASHE

Il aime ses enfants non pas parce qu'ils sont adorables et conformes à ses aspirations, mais parce qu'il existe un lien incompréhensible qui surpasse l'imagination.

LEROY BROWNLOW,
« L'univers d'un père »

### IPHIGÉNIE

Seigneur, où courez-vous ? et quels empressements
Vous dérobent sitôt à nos embrassements ?
A qui dois-je imputer cette fuite soudaine ?
Mon respect a fait place aux transports de la reine;
Un moment à mon tour ne vous puis-je arrêter ?
Et ma joie à vos yeux n'ose-t-elle éclater ?
Ne puis-je...

### AGAMENON

Eh bien, ma fille, embrassez votre père;
Il vous aime toujours.

### IPHIGÉNIE

Que cette amour m'est chère !
Quel plaisir de vous voir et de vous contempler
Dans ce nouvel éclat dont je vous vois briller !
Quels honneurs ! quel pouvoir ! Déjà la renommée
Par d'étonnants récits m'en avait informée;
Mais que, voyant de près ce spectacle charmant,
Je sens croître ma joie et mon étonnement !
Dieux ! avec quel amour la Grèce vous révère !
Quel bonheur de me voir la fille d'un tel père !

JEAN RACINE
*« Iphigénie »*

Il est totalement métamorphosé par sa fille.
Il a en lui une douceur que même l'amour
n'avait pas révélée. Il la tient comme une fleur,
comme le verre le plus fragile. Il s'émerveille
devant cette nouvelle et adorable petite vie,
étonnante de perfection.

LISA ROCHAMBEAU LAPIERRE

Je te trouvais tellement
extraordinaire et supérieur
aux autres hommes, je te
contemplais avec un tel
étrange mélange d'humilité,
d'admiration, de vénération,
d'amour et d'orgueil
qu'il aurait suffi de très peu
pour que je te considère
comme un être supérieur...
J'aurais préféré ne pas exister
plutôt que de ne pas être
la fille d'un tel homme.

THÉODORA BURR,
DANS UNE LETTRE ADRESSÉE À SON PÈRE

*Je souhaite de tout mon coeur à tous les pères aimants du monde, coupés de leurs familles par nécessité, pour le travail ou à cause de la guerre, de pouvoir revenir en toute sécurité chez eux. Car je sais ce que c'est que d'avoir un tel père, combien j'ai besoin de lui pour toutes les petites choses quotidiennes et à quel point il peut avoir besoin de moi.*

ODILE DORMEUIL

Le manque de vigueur dans la démarche et
dans les mains ballantes de ce vieil homme
Tourmente mon coeur et mon esprit.
Où est passé cette créature qui aimait rire,
cette force de la nature,
Le cher compagnon des jours passés ?
Nous faisions des promenades,
le samedi
Nous allions visiter les galeries d'art,
Écouter de la musique classique,
Voir une pièce de théâtre depuis l'orchestre,
Puis nous discutions, marchions, parlions et
marchions, marchions...
Un Père et sa fille,
Aimant les mêmes  mauvais jeux de mots,
Ayant des points communs.
Ses opinions étaient fondées,
J'en avais l'absolue certitude et
Il le savait.

JOYCE  GRENFELL, (1910-1979)
« *Père et fille* »